子どもの幸せってどんなこと？

ちょっと気になるとなりの保育

子どもの最善の利益から考える

保育実践例

寶川雅子 編著

一藝社

はじめに

　日本が「子どもの権利条約」に批准してから、まもなく25年が経とうとしています。児童福祉法や保育所保育指針には、「児童の権利」「最善の利益」という言葉が総則に書かれています。子どもにとって良いことを行うのだなということは、イメージできるのですが、それでは、具体的にどのようなことに配慮したら良いのでしょう。戸惑いを感じたり、自分のかかわり方はこれでよいのだろうか、と自信が持てなかったりする方もいらっしゃるかもしれません。

　そうなのです。長時間子どもとかかわる保育士などは、常に子どものためにと子どもとかかわっているわけですが、そのかかわりが、本当に子どものためなのか分からなくなってしまうことがあるそうです。

　しばしば研修などを通じて保育士の皆さんのお話を伺う機会があるのですが、その中で、最善の利益に配慮した保育についてもっと教えてほしいという要望を多くいただきました。そこで、子どもの最善の利益に配慮した保育をすぐに実践してもらえれば、という思いから本書を執筆しました。現実の保育からかけ離れないように、保育実践の立場からもアドバイスをいただきました。また、子どもの権利条約がなぜ世界に広まったのか、そして、子どもの育ちを保障することは、子どもにどのような影響があるのか、専門的な立場からもご教授いただきました。書かれていることは、とてもシンプルなことばかりです。子どもとかかわる大人自身が、自分の行動や言動に対し、意識をしているのかどうかが最善の利益に配慮できる大きなポイントになるのだと思うのです。何気ない行為・言動に今一度意識を向け、保育の振り返りができると、明日は今日と違う保育ができるでしょう。

　皆様の保育に役立てていただけることを切に願っています。

2018年12月

寳川雅子

子どもの最善の利益から考える
保育実践例

はじめに　3

第1章　子どもの権利条約と子どもの育ち　5

第2章　いますぐできる！
　　　　"子どもにとっての最善のかかわり"　23

第3章　子どもの最善の利益と主体性を追求した
　　　　保育環境例　65

子どもの幸せのためのチェックリスト　78

付録●子どもの権利条約　81

引用・参考文献　93

編著者紹介　94

第 **1** 章

子どもの権利条約と子どもの育ち

子どもの権利条約（児童の権利に関する条約）は、
世界中のすべての子どもたちが持っている
「権利」について定めた条約です。
保育に生かすために、
まずは子どもの権利条約を理解しましょう。

「子どもの権利条約」とは？

　子どもの権利条約とは、児童の権利に関する条約とも呼ばれています。世界中のすべての子どもたちが持っている「権利」について定めた条約です。日本は1994年に批准※しています。P.81から子どもの権利条約（日本ユニセフ抄訳、40条まで）を紹介していますので、是非、目を通してください。子どもの権利条約は、子どもとかかわる全ての大人が知っていることが大切です。

「子どもの権利条約」には4つの柱があります

　子どもの権利は大きく4つにわけられます。

1　生きる権利
　子どもたちは、健康に生まれ、安全な水や十分な栄養を得て、健やかに成長する権利を持っています。

2　育つ権利
　子どもたちは、教育を受ける権利を持っています。また、休んだり遊んだりすること、様々な情報を得、自分の考えや信じることが守られることも、自分らしく成長するためにとても重要です。

3　守られる権利
　子どもたちは、あらゆる種類の差別や虐待、搾取から守られなければなりません。紛争下の子ども、障害を持つ子ども、少数民族の子どもなどは特別に守られる権利を持っています。

4　参加する権利
　子どもたちは、自分に関係のある事柄について自由に意見を表したり、集まってグループを作ったり、活動することができます。そのときには、家族や地域社会の一員としてルールを守って行動する義務があります。

※批准……条約をみとめて実行する、という国の最終の確認、同意の手続き

「子どもの権利条約」の基本的なきまり

・生命、生存及び発達に対する権利

　すべての子どもの命が守られ、持って生まれた能力を十分に伸ばして成長できるよう、医療、教育、生活への支援などを受けることが保障されます。

・子どもの最善の利益（子どもにとって最もよいこと）

　子どもに関することが行われる時は、「その子どもにとって最もよいこと」を第一に考えます。

・子どもの意見の尊重（意見を表明し、参加できること）

　子どもは自分に関係のある事柄について自由に意見を表すことができ、大人はその意見を子どもの発達に応じて十分に考慮します。

・差別の禁止（差別のないこと）

　すべての子どもは子ども自身や親の人種、性別、意見、障がい、経済状況など、どんな理由でも差別されず、条約の定めるすべての権利が保証されます。

子どもの権利条約〜現在までのみちのり〜

1 子ども尊重の教育史

　スウェーデンの著名な女性教育学者エレン・ケイ（Ellen Key,1849〜1926）が、1900年に『児童の世紀』（Barnets arhundrade）と題する著作を発表しました。20世紀を「子どもの世紀」にしたいという願いは、国境を越えて大きな反響と共鳴を引き起こし、子どもを愛し未来に希望を託そうする人々の人類的な大きな願いとなりました。その願いは、人間の社会は「子どもを尊重して権利の主体としたときにこそ、新しい道徳的な秩序を創造しうる」という希望を表明したものでした。しかし残念ながら、20世紀は彼女をはじめとする多くの人々がかけた願いを打ち砕くような痛ましい、悲しむべき事実（二度にわたる世界大戦）を生み出しながら現在21世紀に至っているといわなければなりません。

　子どもは、西洋教育史上、古代ギリシアやローマでは国家主導のもと子殺しが容認され、中世では新生児を間引くために海や河に投げ捨て、17世紀には物乞いに売り払われたり、年端もいかない子どもが寺院の入り口に寄進されたりもしました。このような教育史（ある意味、日本も同様）を垣間見ても、大人からは、子どもは厄介でわずらわしく粗末な存在であり、不幸なことに孤児や虐待された子どもたちが絶えない歴史的な事実があります。

　子どもが尊重されるようになったのはそれほど古くはありません。18世紀後半「子どもの発見」者と評されるルソー（J.J.Rousseau,1712〜1778）著作の教育小説『エミール』（Émile ou de l'education,1762年）において、「子どもはいつも子どもとして尊重されなければならない」こ

とが唱道されてからのことです。しかし、一向にして親・教師の大人と子どもとの関係における子どもの軽視や子どもの嫌悪の態度は変わらず、子どもはいつも不当で悲惨な扱いがなされ、子どもの現在を未来の準備のために犠牲にしていました。

　他方、このような恥辱の時代に対して、希望を生み出す努力が地球上の至るところでたゆみなく続けられてきたという歴史にも注目する必要があります。第一次世界大戦（1914～1918）が終わると、子どもの権利を守る国際的な動きがにわかに強まりました。1920年に国際赤十字の後援によってジュネーブに設立された「子ども救済基金国際連合」は、「子どもの権利宣言」を活動の指針としていました。世界最初の国際的政治組織となった国際連盟（League of Nations）は、1924年、それを「子どもの権利に関するジュネーブ宣言」として採択しました。その後、不幸にも勃発した第二次世界大戦後にも、子どもの権利のための努力は貴重な遺産として受けつがれました。そして、1989年11月20日の国連総会で満場一致で採択された「子どもの権利に関する条約」（以後通称「子どもの権利条約」と表記）の条文にも、その精神の源流が「ジュネーブ宣言」にあることがはっきりと記されています。

　エレン・ケイが願ったように、20世紀を真に子どもの世紀にしようとする努力が、恥辱的な現実と戦いながら少しずつ前進・展開してきたことを確かめることができます。また、人類の子どもたちのために、子どもを尊重する近代教育思想の源流をつくりだしたと考えられるコメニウス（J.A.Comenius,1592～1670）、ルソー、ペスタロッチー（J.H.Pestalozzi,1746～1827）、フレーベル（F.W.A.Fröbel,1782～1852）らの思想も、20世紀の終わりにおいて、地球上の多くの人々を動かす力に発展・貢献しました。

2 「子どもの権利条約」が採択されるまで

　20世紀、二度にわたる大戦を経験し、戦争によってその禍を最も被るのが子どもであり、その反省から国際連盟・国際連合を組織し、子どもの福祉・医療や教育の権利、幸福を図るための人道的な活動が促進されました。

　第二次世界大戦後では、1946年にユニセフ（国際連合児童緊急基金）が発足・組織され、日本では、1951年5月5日「子どもの日」に「児童憲章」が制定されました。1959年の国連において、「児童の権利に関する国連宣言」が採択されました。先駆的な教育者たちが子どもの尊重や権利の基盤を築き、それを叫び、ようやく日の目を見るまでには、子どものことを真剣に考えようとした時代背景があります。

　1979年は「国際児童年」でしたが、その時、国連ではポーランド政府の提案によって「子どもの権利条約」締結への具体的な準備が開始されました。ポーランドがそのような動きに先鞭をつけたことは偶然ではなく、第二次世界大戦でもっとも悲惨な戦禍を被った国の一つであったからに他なりません。ナチスによってトレブリンカ強制収容所の毒ガス室に200名ほどの子どもたちとともに消え去っていった「子どもの権利の擁護者」であるヤヌシュ・コルチャック（J.Korczak,1878〜1942）を生んだ国でもあったからです。1990年代の全世界の子どもたちに対して、子どもの権利を守る厳粛な約束（国際条約）をしました。1994年、日本政府も「子どもの権利条約」を批准することに署名し確約しました。「子どもの権利条約」の採択と批准の過程そのものにも、人類の未来への希望を見出すことができます。現在、世界196カ国の国・地域が締結しています（外務省ホームページ、2016年2月現在）。

3　子どもの最善の利益とは

　子どもが人格をもつ権利主体であり、それ自体が人類的未来であるという、子ども尊重思想があります。子どもの権利を守ることは、現代においても、子どもはもちろん保護や救済を必要とする存在ですが、同時に人間として未来に生きる人格的主体でもあります。そして、大人はそのような子どもたちとともに生きることによってこそ、自らの生き方を問い直し、新しい倫理をつくり、未来に希望を見出すことができます。実際、この世に子どもがいなかったら、また子どもたちによって大人の社会が浄化されなかったら、そして大人が子どもに学ぶ（問う）ことをやめたなら、人間の社会はすっかり暗くなり、人類の進歩はとまってしまうということを多くの人々が考えるようになりました。

　大人が、この特別な保護と援助を必要とする「子どもの権利」を保障するに際しては、「子どもの最善の利益」を考慮すべきとする姿勢が一貫してとられます。「子どもの最善の利益」という観点から、「子どもの権利条約」は、子どもも人間であり、人間としての基本的な権利が尊重されなければならないとする考えと、子どもには固有の権利がありそれを行使できる主体として、子どもを捉えています。つまり、子どもを独立した人格とみてその尊厳を重視するとともに、子どもは大人とは違う存在であり、それゆえに特別な保護を必要とすることを前提としているのです。

　子ども固有の権利を認め、特別な保護を保障することは、「子どもの最善の利益」を尊重することでもあります。「子どもの権利条約」の基底にうたわれる「子どもの最善の利益」の尊重は、子どもの発達を保障することと、保育・教育がその発達保障の重要な側面を担うことが考えられています。子どもの保護と教育は今日自明なことですが、現代の幼稚園教育・保育所保育を支える理念は、「子どもの権利条約」に貫流する「子どもの最善の利益の尊重」です。子どもが幸福な子ども期を送ることを

目指して、人権として、子どもが子どもとして、子どもの権利を保障し、子どもにとって不可欠な権利を承認する立場がとられています。

4 「子どもの権利条約の精神的な父」コルチャック

　コルチャックは、父親がユダヤ系ポーランド人であり、1878年7月22日ワルシャワで生まれました。少年時代、父を亡くしたため、苦学してワルシャワ大学で医学を学び小児科医となりましたが、そのかたわら児童文学作家としても活躍しました。1911年からは孤児院院長となり、「ポーランドのペスタロッチー」と称されるほど、献身的な愛で子どもを理解し養育し教育実践に従事しました。第二次世界大戦において、ナチス・ドイツのポーランド侵攻により、ドイツ帝国総統ヒトラー（Adolf Hitler,1889〜1945）の指令でユダヤ系ポーランド人の迫害を受けました。1940年10月、コルチャックは孤児院の子どもたちとともにワルシャワのゲットーに移され、1942年8月、200名ほどの子どもたちとともにトレブリンカ強制収容所に連行され、毒ガス室で虐殺されました。生涯をかけて、つねに子どもとともにあり、子どもたちと生きたコルチャック先生は「教師にして殉職者」でありました。

5 コルチャックの子ども尊重論

　1989年国連で採択された「子どもの権利条約」は、ポーランド政府から提案されたものであり、子どもと生きたコルチャックの思想が反映・結実されることになりました。彼の「子どもの権利」は、著書『人はいかに子どもを愛すべきか』（1918年）の中で紹介される「子どものための憲法としての自由な大憲章」において、既にその輪郭が表されています。

① 子どもの死への権利
② 子どもの今を生きる権利

③　子どもの人間である権利

コルチャックは「子どもの権利の尊重」が大前提ですが、大人と子どもの関係を構築しながら、大人の側から子どもに敬意を払うことが、子どもに自分以外の人間を尊重するということにもつながることを主張しています。

①「子どもの死への権利」

大人・親・教師は子どもを愛するあまり、子どもから危険なものを排除します。しかし、生の反面は死であり、危機的状況のない生は、果たして十分に生きることの意味につながるのでしょうか、という問いを投げかけています。時には、子どもは、その性分で泥んこになり笑い転げたり、夢中になって事物とかかわりあったり、また時にはケンカやもめごとで互いを傷つけ非難しあいます。辛さや不快さ、苦痛な思いを覚えたりしながら、互いのことをよりよく知り仲直りするような経験がない子どもは、その子どもの時代を生きたとは言えないのではないかということを問うています。

子どもは、意図的な教育関係の中でのみ生きているわけではありません。危機的状況も含め、日常の様々なかかわり（自然、他者、事物など）そのものが、子どもの生の基底を育んでいます。大人の側の「教育的配慮」というまなざしの下で、子どもの多義的で豊かな生の側面・領域が排除されてはいけないことを「死」をもって受けとめられる大人としての覚悟が必要なのです。

②「子どもの今を生きる権利」

子ども時代の独自の価値を確認しようとすることです。大人に対し、子どもの独自の見方や欲求を承認し、それぞれの年齢に見合った権利、義務を認めようということです。つまり、子どもが今、出会っている事象・物事に生きることを認めることです。

③「子どもの人間である権利」

他人と違う自分であること、そうした個性の許容を訴えるもので、そ

のためには高すぎる理想の強要の放棄、子どもが好み憧れる権利などが前提です。つまり、子どものあるがままの存在を受け入れ生かすことです。

　これらの権利のすべての根底には、あるがままで、可能性を秘め、今を懸命に生きる子どもに向けられた愛があります。コルチャックは、希望としての「子どもが今あるがままの存在でいる権利の尊重」を望み、生涯、人間としての尊厳を守ることこそが「子どもの最善の利益」と唱えています。

（中島朋紀）

子どもの健やかな成長を
保障するかかわりとは

1　人生における課題とは？

　心理学者のエリクソン（E.H.Erikson, 1902～1994）は、人生には以下の8つの発達課題があるとしました。

基本的信頼感－自律性－積極性－勤勉性－自我同一性－親密性－生殖性－統合性
　←───　乳幼児期　───→ ◀児童期▶ 青年期 ◀───成人期───→ ◀老年期▶

　<u>基本的信頼感</u>とは、生まれてきたこの世の中が信頼できる、素晴らしい場所であるという感覚です。<u>自律性</u>は、自分自身で様々なことをやり遂げようという意欲のことです。また、<u>積極性</u>とは親子関係を離れ、仲間関係の中へ積極的に参加していこうとする気持ちを指します。これらの基本的信頼感、自律性、積極性は、乳幼児期の発達課題です。
　また、児童期の発達課題としては<u>勤勉性</u>があります。児童期には学習課題をはじめとして様々な課題に取り組まなければなりません。その際に、勤勉性を発揮し、前向きに取り組んでいくことが大切となるのです。さらに青年期になれば、<u>自我同一性</u>という課題があります。自分とはどのような存在であり、将来どのように生きていくべきかという問いに対して一定の答えを見出していかなければなりません。すなわち自我同一性という課題は、自分なりのアイデンティティを確立することにほかなりません。
　やがて成人期になると今度は<u>親密性</u>や<u>生殖性</u>といった課題があります。

親密性とは同世代の他者と親密な関係を築くことです。とりわけ異性との関係を築き、深い愛情で結ばれることが重視されます。そして生殖性という課題は、自分たちの次の世代を育てていくことです。これは何も自分自身の子どもを育てるということだけを指すわけではありません。たとえば仕事において後輩を育てていくといった側面も含みます。

最後は統合性という課題です。主として老年期の課題となります。それまでの人生を振り返りながら自分の人生をまとめ上げていく作業です。

以上見てきたように、エリクソンは人生のそれぞれの時期に取り組むべき発達課題があると考えました。そしてここで大切な点は、それぞれの発達課題は、それ以前の発達課題を乗り越え、獲得してきたものを基盤としているという点です。

その意味でとりわけ重要な課題は、人生における最初の課題である基本的信頼感ということになります。

2 基本的信頼感とは

上で見たように基本的信頼感とは、この世の中、自分を取り巻く周囲の人々、そういった環境が、自分にとって信頼でき、居心地よく感じられることをいいます。言い換えれば、「この世の中に生まれてきて良かった」という感覚です。

このように、その後の人生を送っていくうえで非常に重要な基本的信頼感なのですが、この基本的信頼感の基礎となるのが、愛着です。

愛着という現象について詳しく調べ、理論化したのはボウルビィ（J.Bowlby,1907～1990）という心理学者です。

もともと人間の子どもは人に対する志向性を持って生まれてきます。様々な刺激を赤ちゃんに見てもらうという実験があります。たとえば赤と白の紙を同時に提示したり、○や□などの図形が描かれた紙と、文字が書いてある紙を同時に提示したりして、赤ちゃんがどちらの紙を長く

見るのかを調べる実験です。いろいろな組み合わせで赤ちゃんにいろいろな刺激を提示すると、最も長い時間見ていた刺激は人間の顔であることがわかりました。そしてこの傾向は、生まれて間もない赤ちゃんでも同様です。つまり、<u>人間の赤ちゃんは生まれつき人に関心を持っている</u>のです。

　このような人への志向性をもとにして、赤ちゃんは大人と様々な相互作用を繰り返していきます。その中で母親を中心とした主たる養育者との間に特別な絆を形成していくのです。これが愛着です。愛着が安定して形成されている赤ちゃんは、例えば養育者が離れてしまうと不安に感じ、動揺して泣き出します。でも養育者が戻ってくればすぐに泣き止み、にっこりと笑ったりします。

　ボウルビィは安定した愛着の形成のためには、養育者の養育の仕方が重要であると指摘しています。まず赤ちゃんと頻繁にスキンシップをとっているかが大切です。そして特に大切な点として「感受性」や「応答性」があげられます。例えば赤ちゃんのおむつが濡れて泣いているようなとき、それを敏感に察して、タイミングよくおむつを替えたりするということです。このようなスキンシップ、タイミングよく赤ちゃんのお世話をするという経験の積み重ねによって安定した愛着が形成されていきます。

　愛着の形成は、なにも子どもと母親といった関係にはとどまりません。子どもの父親や祖父母はもちろんのこと、保育所や幼稚園の保育者との間にも形成されるものなのです。また、とても重要なことをボウルビィは指摘しています。それは、<u>子どもの愛着が母親以外の他者に向けられたとしても、母親に対する愛着が弱まるということはない</u>という点です。それどころか、<u>子どもの愛着が向けられる対象者が増えれば増えるほど、子どもの母親に対する愛着はむしろ強まる</u>のです。このことからも、家庭のみならず、保育所や幼稚園において保育者が子どもとの間にしっかりとした愛着関係を築いていくことが大切であることがわかると思います。

ですので、保育者も子どもと接するときには、あたたかい雰囲気の中で、スキンシップを心がけることはもちろんのこと、子どもの状態を敏感に察知し、タイミングよくかかわることが極めて重要なことなのです。

こうした愛着の気持ちを基礎としながら自律性、積極性へと向かうのです。

3　一人の人間として

　子どもが愛着をもとにして基本的信頼感を獲得する様子を見てきました。エリクソンはそれに続く発達上の課題として自律性や積極性をあげています。これらは基本的に幼児期の課題です。最初は養育者を中心とした大人から世話を一方的に受けている存在だった子どもも、やがて<u>自分自身を一人の個として受け止める</u>ようになり、自分の力で物事をなそうとするようになります。ここで重要なことは、子どもが自分自身を確立していく過程で大きな役割を果たすのが、「安定した愛着」である点です。

　養育者をはじめとする周囲の大人と安定した愛着を形成した子どもは、愛着対象者を「心の安全基地」とします。そしてその安全基地を持った子どもは勇気を出して外の世界へ踏み出していくことができるのです。

　基本的信頼感の課題が、世の中に出ていくための心のエネルギーを貯めていくことであったのに対し、自律性や積極性は、貯めたエネルギーをもとにして、自分の力で世の中へ踏み出し、徐々に自分という個を確立していく課題であるといえます。

　同様のことは、マーラー（M.S.Mahler 1897～1985）の「分離－個体化理論」においても述べられています。

　マーラーは、子どもが最初は母子一体的な状態から、次第に一人の個体として分離、独立していく様を以下の7つの段階に分けて説明しました。

正常な自閉段階 0 〜 1 カ月頃

正常な共生段階 1 〜 5 カ月頃

分化期 5 〜 9 カ月頃

練習期 9 〜 14 カ月頃

再接近期 14 〜 24 カ月頃

個体化期 24 〜 36 カ月頃

個体性の確立および対象恒常性の確立期 3 歳頃〜

　<u>正常な自閉段階</u>とは、子どもが外の世界と区別されておらず、閉じられた状態にある時期です。そして正常な共生段階になると、子どもは養育者と一体化された状態になります。<u>分化期</u>は、外の世界への興味が高まり、徐々に自分自身に関して感覚運動的な認識が深まってきます。そして<u>練習期</u>になるとハイハイもできるようになり、養育者から離れて周囲の世界への探索活動が盛んになります。ただし、ちょっとでも不安を感じるとすぐに養育者のもとに帰ってきます。少しずつ養育者から離れて外の世界へ出ていく練習を重ねる時期なのです。そして1歳の後半ごろ再び養育者への接近行動が増加します。これが<u>再接近期</u>です。やがて2、3歳ころになると自分と養育者という区別もはっきりし、<u>個体化</u>が進みます。そして3歳頃には養育者は子どもの心の中に内在化され、子どもは養育者のイメージを心の中に抱くのです。

　近年の発達心理学の研究においてはマーラーが提唱したような自閉の時期というのは純粋な形では存在せず、上にも述べたように子どもは新生児期より他者へ開かれた存在であるといわれるようになっています。ただ、マーラーの理論で大切なことは、養育者そして保育者がそれぞれの時期に適切なかかわりをするべきであるという点です。たとえば練習期の子どもたちは、おそるおそる外の世界を探索します。でもちょっとでも怖いことがあればすぐに養育者や保育者のもとに戻り、安らぎを求めます。そのような際には、子どもを慰め、ときにはぎゅっと抱きしめ

てあげることも必要でしょう。マーラーもボウルビィと同様に、この時期は養育者が「安全基地」の役割を果たしていることを強調しています。また、再接近期のころは子どもがべったりと甘えてくる時期です。一度しっかりし始めたように見えた子どもがまたもや自分に甘えてきたりすると、養育者や保育者は驚き、場合によっては無理に自立を促してしまうかもしれません。しかしながら、この時期は再接近期であり、しばらく大人に甘える時期なのです。こうした子どもたちの状況をしっかりと把握し、たっぷり甘えさせてあげることも大切です。ただ、この再接近期は、練習期とは異なり、単に甘えたいという気持ちから養育者に接近するわけではありません。マーラーは、子どもが自分自身の体験のすべてを養育者に分かち合ってもらいたいという強い願望を持っていると述べています。われわれ大人は、再接近期の子どもたちのこうした願望をあたたかく包み込んであげることが重要なのです。

　また、この時期はエリクソンの言うように「自律性」を獲得する時期でもあります。われわれ大人には、子どもの自律性、独立を見守りつつも、子どもの甘えたいという気持ちも受容していくといういわば矛盾したような二つの態度をうまく使い分ける必要があるのです。

4　個人差に配慮を　　一人ひとりの個性に合わせた対応が求められる

　これまでエリクソン、ボウルビィ、マーラーらの理論を引用し、子どもの発達の様子と、求められるかかわりについて見てきました。しかし、忘れてはいけないことは、これまで見てきた理論はあくまでも子どもの<u>一般的な姿</u>を描いているに過ぎないという点です。

　子どもたちは一人ひとり個性を持っています。たとえば周りの刺激にとても敏感で、ちょっとした音や光などの刺激に対してすぐに不安を感じ、泣き出す子どもがいるかと思えば、少々の物音には動じず、ゆったりと構えている子どももいます。また、もともといらだちやすい子ども

がいるかと思えば、おだやかでおとなしいという印象を与える子どももいます。このような気質上の違いは近年、様々な研究で明らかにされてきています。

　子どもの違いは、気質のみならず発達の早い遅いといった側面にも表れます。寝返り、ハイハイ、つかまり立ちといった体の機能から、言語や社会性といった心的機能に至るまで子どもたちは早く発達したり、遅く発達したり、様々です。

　私たちはこうした子どもの個性を踏まえて、一人ひとりに合わせた対応を求められます。例えばある子どもは共感、受容をベースにしながら、子どもの要求に応えながらすぐに対応することが必要であるかもしれません。でも同じ月齢の別の子どもはある程度見守りながら、その子の自分でやろうとする意欲を引き出していくことが大切かもしれません。一瞬一瞬で私たちがとるべき行動はその子どもの今現在の発達の状態、その時の子どもの様子から判断されなければなりません。「ある月齢、年齢になればこうすればよい」といった万人に当てはまるマニュアルはないのです。

　エリクソンらの理論をベースとしつつも、すべての子どもは一人ひとり異なる存在であることを忘れず、その個性を見極め、その子どもの状態に即した対応が重要なのです。

　以上のように、乳幼児期に適切なかかわりを持つことは子どもの健やかに成長する権利を保障する意味で極めて大切なことなのです。ここで紹介した心理学者たちの理論は、乳幼児期に適切なかかわりを受けることが、生涯にわたって生きていくための力になると主張しています。乳幼児期がいかに大切な時期であるかは、いくら強調しても強調しすぎることはないのです。

　この本の以降の章で、子どもの健やかに成長する権利を保障するためには、どのようなかかわりが求められるのかについて具体的に紹介されています。

（越智幸一）

第2章

いますぐできる！ "子どもにとっての 最善のかかわり"

自分がされて嫌なことは子どもにもしません！

「子どもの最善の利益に配慮して」とか、
「子どもにとって最も良いことを」とか……。
頭では理解していても、具体的にどのようにかかわると
"子どもの最善の利益"につながるのか、
いまひとつわかりにくいですよね。
第2章では保育の実践でありがちな20の例を、
アドバイスととともに紹介します。
ここで紹介する20項目がすべてではありません。
一人ひとりの子どもにとって、最善のかかわりを行う
きっかけになりますように。

最善のかかわり 1
子どもをどのように
呼んでいますか？

子どもを呼び捨てで呼んでいませんか？
家庭からお預かりしている
大切な子どもたち。
子どもにも人権があり、
ひとりの意思ある人間です。
子どもの人格を尊重するためにも、
「○○ちゃん」「○○さん」等、
添えて呼びましょう。

保育の現場から
〇どんなに愛着をもっていても、呼び捨ては荒々しく感じます。
〇保護者に対しても、「お父さん」「お母さん」や「パパ」「ママ」でなく、「○○さん」と苗字で呼んでいます。

最善のかかわり 2

子どもを抱くとき、
どうしてますか？

子どもを抱っこするとき、
特に乳児を抱っこするとき、
だまって抱き上げていませんか？
「○○ちゃん、抱っこしようね」
などと言葉をかけてから抱きましょう。
何も言わず、急に後ろから抱かれたら、
大人同様、子どもだって驚きます。

集中して遊んでいるときは、
少し待つことも大切。
大事な遊びを邪魔してしまうことにもなりますね。

ひと声かけて、できるだけ正面から抱っこしましょう。
子どもも保育者に信頼を寄せるようになります。

保育の現場から
○抱っこするときは、顔をみながら言葉をかけると、
　子どもも安心するようです。

最善のかかわり③

無言でお世話をしていませんか？

「ごはんたべようね」「お着替えしようね」
「お鼻拭こうね」など、
何をするのか言葉を添えながら
お世話をしましょう。
無言でお世話をされた子どもは、
どんな気持ちになるでしょう？
動作に言葉を添えて
お世話をしてもらえた子どもは、
保育者からの愛情をもらいながら
言葉も学ぶことができます。
生活に見通しを立てる学びにもなります。

保育の現場から
○子どもの行為に言葉を添えてかかわると、子ども自身、自分が今何をしているのか、言葉で理解できるようになっていきます。
○言葉を添える時は「短く簡潔に」が、子どもに伝わりやすいです。

最善のかかわり ④

ひとり遊びに集中している子どもに言葉をかけていませんか？

子どものひとり遊び、
じっくりと集中している姿は
とてもかわいらしいものですね。
思わず声をかけたくなります。
しかし、
ひとり遊びも、子どもの育ちに重要。
集中して遊んでいるようなら、
言葉をかけずにそーっと見守り、
ひとり遊びを保障しましょう。
子どもは考える力や集中力、
創意工夫する力など
いろいろと学んでいる最中なのです。
非認知能力を獲得しているところなのです。

保育の現場から
○保育者との信頼関係が築かれていれば、必要な時に子どもから保育者を求めてサインを出してくれます。子どもをよく見て、それに応じるほうが大事。

最善のかかわり ⑤

言葉かけ
どうしていますか？

何でもかんでも
子どもに言葉をかけていませんか？
不必要に同じことを何度も言っていませんか？
必要な時に短く、簡潔に伝えるほうが、
子どもも理解しやすいでしょう。
ずっと保育者が話しかけていたら、
子どもは「うるさいなあ」と思っているかも。
本当に必要なことも聞いてもらえないですね。
言葉かけが「騒音」にならないよう、
「静寂」も大切にしたいものです。

保育の現場から
○年齢に応じて言葉のかけ方を工夫すると、子どもも生活しやすくなります。
○低年齢児には、行動に沿って言葉を添えてかかわり、3歳くらいからは言葉かけばかりせず、時には見守ることも大事。

最善のかかわり⑥

子どもを脅していませんか？

保育者の言うことを聞かないからと、
「お散歩連れていかないよ」
「おやつあげないよ」
「フルーツあげないよ」
「暗い部屋に連れていくよ」
「知らない人にさらわれちゃうよ」
「お化けがくるよ」
……なんて言っていませんか？
「〜させてあげない」「〜してあげない」
と脅しても、子どもは怖がるだけです。
「靴を履いてお散歩に行こうね」
「手を洗ったらおやつを食べようね」
「おかずを食べたらフルーツ食べようね」
「布団に入って寝ようね」
「目を閉じてみようね」というように、
してほしいことを具体的に伝えましょう。

保育の現場から

○脅すようなかかわり方をしていると、本来子どもに伝えたいことも全く伝わりません。
○脅さなくても、具体的に伝えれば子どもも納得してくれます。

最善のかかわり7

声の大きさが「騒音」になっていませんか？

大きな声は「騒音」です。
子どもの遊びや集中を妨げることになります。
何よりも、保育者が大きな声を出すと、
子どもは大好きな保育者よりも
もっと大きな声を出そうとします。

大きな声は、気持ちを高ぶらせ、
落ち着きを奪ってしまいます。
落ち着いた環境で、
集中して遊べる子どもに育ってほしいならば、
まずは、保育者の声の大きさから
意識をしてみませんか？

保育の現場から
○子どものそばに近づいて話しかけると伝わりやすいです。
○小さな声で話しても、子どもは聞こうとしてくれます。それって素敵！
○大きな声は、それだけで子どもを威圧しているみたい……。

最善のかかわり⑧

個性や発達段階を理解せず、頭ごなしに叱っていませんか？

子どもの行為には、
すべてに理由があるのです。
子どもの行為の理由を考えず感情的になって、
「なんでやるの⁉」とか
「それはやらないの！」とか
何でもかんでも頭ごなしに叱っていませんか？
それでは子どもの育ちを阻害するだけ。
まずは冷静に
「なんでそれをしているのかな？」
「どうしてかな？」と、
その子の立場になって考えてみましょう。
そうすれば理由が見えてきます。
頭ごなしに叱る前に、
子どもへのかかわり方、
保育の環境が、子どもの育ちに
応じているのかを見直してみましょう。

保育の現場から

○子どもの発達に合わないかかわりをしていても、子どもも不自由さを感じ、保育者もイライラするだけ。良いことはひとつもありません。
○子どもの姿をよく観察していると、何を援助するべきかわかります。子どもを信じてみることも大切です。

最善のかかわり ⑨

手をつないでいる？
それとも
子どもに
急がせている？

手をつなぐとは、
大人と子どもが並んで
子どもの歩く速度に合わせ
気持ちを通い合わせながら
心の交流を図っていること。

もし、子どもと手をつないではいるけれど、
保育者が子どもよりも先に歩いているならば、
それは手をつなぐとは言いません。
子どもに何かをさせたいために
急がせているのでは？
子どもは、どんな表情をしていますか？

保育の現場から
○お散歩で手をつなぐことは、安全確保の意味があります。
○保育所の中では、危険がなければ手をつながなくても言葉で伝わります。
○活動は保育者と一緒に行うとよいみたい。

最善のかかわり ⑩

子どもの腕を引っ張っていませんか？

子どもが立つ時、散歩の時、並ぶ時など
腕を急に引っ張ることはありませんか？
急に腕を引っ張ると、子どもが驚くだけでなく、
ケガの原因*にもなります。
必要なことは言葉でも伝わるはずです。

保育の現場から
○子どもどうしの手つなぎで、ちょっと手をふっただけでも、関節が外れてしまうことがあります。それほど子どもはデリケートなのです。
○保育者が落ち着いていれば、子どもの腕を引っ張るような場面はないはずです。

＊子どもの腕を急に引っ張ると、肘の骨がずれて小児肘内障になることがあります。小児肘内障は、骨や靭帯が未発達な7歳くらいまでの子どもに起こりやすいので、十分に注意しましょう。

最善のかかわり 11

おもちゃ箱を丸ごとひっくり返して、出していませんか？

おもちゃ箱を丸ごとジャーっとひっくり返し、
散らばせていませんか？
棚に並んでいるおもちゃの中から
子どもが自分で選び、
自分で手を伸ばして手に取って、
自分で遊べる環境を整えましょう。
おもちゃを片付けるときも、
子どもが自分で元に戻すことができる工夫があると、
ものの種類や形を意識するようになり、
知的能力も育み、自立への援助にもなります。
子どもが自分で選び、自分で片付けるということは
将来、自分で考え自分で判断し
自分で行動できることにもつながります。

保育の現場から
○絵本棚やおもちゃ棚に、何をしまう場所なのか写真やイラストを貼って子どもが片付けやすくしています。
○片付けが「できたね」と認めてもらえると、次も自分で片付けようというやる気が子どもに生まれます。

最善のかかわり 12

子どもの前で保護者や他の保育者の噂話をしていませんか？

どんなに小さな子どもでも、そばで
自分にかかわることを話していることはわかります。
保育者同士の不仲もしっかり感じ取ります。
保護者の噂話や保育のミスの指摘を
子どもの前ですることは、
子どもを不安にさせるだけ。
子どもは保育者同士のかかわりから、
人間関係を学んでいるのです。
自分たちが人的環境であることを忘れないで。

保育の現場から
○保育者と保護者、あるいは保育者同士が楽しそうに和やかにしている雰囲気が子どもの安心感を育みます。そして大人の様子から、人としてのかかわり方を学んでいくのです。

最善のかかわり ⓭

「忙しいから」を理由に子どもの話に耳を傾けること、忘れていませんか？

一瞬でも良いです。
「あのね……」と子どもが話しかけてきたら、
立ち止まって子どもの言葉に耳を傾けましょう。
そのような大人の姿から、
子どもは話を聴く姿勢を学びます。
話を聴いてくれたという喜びは、
自らが話す自信にもつながります。
日々のちょっとした配慮が大切なのです。

保育の現場から
○低年齢から、保育者が子どもの話に耳を傾ける姿勢を示していれば、幼児クラスになると、自然と人の話を聞けるようになります。

最善のかかわり 14

信頼できる大人の
そばだから
泣けるのです

泣いている子どもに
「いつまで泣いているの？」
「また泣く」
「泣かないの！」
「泣いている子は赤ちゃんだよ」
なんて言っていませんか？
感情をそのまま子どもにぶつけていませんか？
人は誰でも泣くことがあります。
決して「赤ちゃん」だからではありません。
安心して泣ける環境を保障することは、
子どもの育ちを保障すること。
子どもは、安心できる人、
信頼できる人の前でしか泣かないのです。

保育の現場から
○早く泣きやませようと焦ると、それを敏感に感じるのが子ども。
○「大丈夫だよ」というゆったりとした気持ちで接すると安心するようです。
○「何で泣いているのかな？」と気持ちに寄り添ってみよう。

最善のかかわり 15

泣いて口を開けている子どもの口に食べ物を入れていませんか？

泣いているから口を開けているのであって、
食べるために「あーん」と
口を開けているのではありません。
食事中、泣いて口を開けているから都合がよいと
大人の一方的な考えで
子どもの口に食べ物を入れては、
のどにつまらせる可能性もあり、大変危険です。

泣いている時は、泣くことを保障しましょう。
食事は子どもが泣き止んでからでも遅くありません。

保育の現場から

○気がすむまでしっかり泣かせてあげたほうがいい場合も。時間に追われてしまいがちだけれど、保育者は子どもの気持ちに寄り添って。

最善のかかわり 16

子どもの口に無理に食べ物を入れていませんか？

食べることが楽しくなれば、
自然と口を開いて自分から食べるようになります。
時間内に終わらせようと、
躍起になって食べさせないで。
食は、発達や個性の差が激しいもの。
無理強いせず、子どもが
自分から「食べたい」と
感じられる雰囲気づくりをしましょう。
早く食べさせようと焦らないで。

保育の現場から

○保育者が怖い顔をしていると、子どもも緊張して食欲も出ないみたい。食事を楽しめる環境が優先です。
○「おいしいね」「もぐもぐしようね」など、言葉かけもいいかも。
○食べ方や食べる量は、人それぞれ。その子に応じた援助が大事。

最善のかかわり **17**

好き嫌いは
誰にでもあります！

食事の嗜好は、
徐々に変化していくと思いませんか？
子どもも同じなのです。
今日はイヤと感じる食べ物も、
3カ月後、半年後には
好んで食べることもあります。
今日の食事だけで「好き嫌いはダメ」と
子どもに無理強いしても、
良いことは一つもありません。
「少しでも食べられるようになるといいね」
という気持ちで
気長にかかわっていきたいですね。

保育の現場から

○好き嫌いをなくそうとイライラすると、子どもが保育者を怖がる傾向に。食事そのものが嫌いになってしまうこともあります。食事が憂鬱で登園をいやがる子もいますよ。
○少し大きくなると、友だちが食べている様子を見てそれに刺激されて食べようとすることも。子どもを信じてみて。

最善のかかわり 18

子どもの頭上で、作業していませんか？

子どもの頭上で配膳をしていませんか？
あるいは、
子どもの頭上で保育者同士が
大きな声で話していませんか？
人の頭の上で何かをされていると、
その人は落ち着いて物事に
集中することができません。
また、頭の上にものが落ちる危険もあります。
子どもの頭上でやりとりしないように、
環境を整えましょう。

保育の現場から
○子どもに何かを求める前に、私たち大人が子どもの育ちを阻害していないか、見直す配慮が必要ですね。

最善のかかわり ⑲

子どもの発言や
行為を否定
していませんか？

否定ばかりされると、誰でもやる気を失いますね。
そして自分から何もしなくなります。
さらには自分で考えなくなります。
ビクビクして自信を失うかもしれません。
反対に認められると、嬉しくて
自分に自信を持って生きることができるようになります。
子どものいいところ探しが得意な
保育者になりたいですね！

保育の現場から

○「ダメ！」ばかり言っていると、なぜやってはいけないか、が伝わらないみたい。やってよいことを伝えるほうが簡単。
○どうしたら良いかを子どもと一緒に考えるようにすれば、やたらと否定しなくて済みます。
○「ダメ！」は危険がある時に使用すると効果的。

最善のかかわり⑳

子どもの
プライバシー
保障していますか？

子どもに断りなく、
服をめくってお腹や背中を見たりしていませんか?
体に湿疹などがあって、
保育中に観察しなければならない場合、
特に気をつけたいことです。
「○○ちゃん、おなか見せてね」
「○○ちゃん、背中のかゆいところ見せて」と、
ちゃんと子ども本人に一言断ってから行いましょう。
無言のままで急に服をめくられたり、
ズボンを下げられたりしたら、誰だって不快です。
プライバシーの保障、大切です。

保育の現場から

○おむつの交換や着替えも、パーテーションで仕切り、人目を避けて行います。どんなに月齢の低い子でも同じです。

第3章

子どもの最善の利益と主体性を追求した保育環境例

大人の都合に合わせた保育ではなく、
子どものための保育を行うこと。
それは、子どもの最善の利益と
主体性を尊重する保育につながります。
3章では実際に行っている環境構成の工夫を紹介します。
子どもの動線を考慮した保育の環境づくりの
ヒントにしてください。

改善例1

植木鉢を置いたのは なんのため？

→出会い頭の衝突がなくなりました

　植木鉢が置いてある場所は、お手洗いから出てきた子どもと、階段を上がってきた子どもが出会い頭にぶつかる、いわゆる"交差点"に当たります。

　そこで、交差点の場所に植木鉢を置いてみました。

　すると、植木鉢があるために子ども同士がぶつかることがなくなりました。子どもたちが走らず、スピードを緩めて歩くようになったからです。保育者も、「走ったらダメ」「歩いてね」といちいち注意することがなくなりました。

　植木鉢は、この形に定着するまでに何種類も置いて試してみました。大きさ、高さ、重さなど、子どもの動線や身長を考えた末、写真のものに落ち着いたのです。試行錯誤の結果なのです。

改善例2
廊下におうち、ホールの真ん中に応接セット。邪魔じゃない？

→ 子どもが走り回らなくなりました

　保育室前の廊下もホールも、子どもたちがとにかく走り回っていました。広い空間があれば走りまわりたくなる子どもがいるのは当たり前。保育者がいくら「あぶないよ」とか「走らないで」と声をかけても、なかなか改善されません。そこで、子どもたちと相談して、廊下には手作りのおうち、ホールの真ん中には応接セットをあえて置くことに。すると、おうちや応接セットにぶつからないように、子どもたちは自然と走り回らなくなったのです。そして、注意されなくても、自分たちから歩くようになりました。

改善例3
階段のパーテーション。
あぶなくないの？

→ 子どもの行動が自然とゆっくりになりました。

　パーテーションを置く前は、子どもが駆け下りたり、駆け登ったり、行き交う子ども同士でぶつかったりする危険なこともありました。
　しかし、パーテーションを置くことによって、そういったことがなくなりました。
　パーテーションで仕切ったのは、子ども一人分のスペースです。行き交うときも、子ども同士で譲り合って通るようになり、保育士の必要以上の言葉がけは不要になりました。
　パーテーションにぶら下がったり、倒したりして、大人からすると、あぶないと思うかもしれません。
　しかし、実際はそのようなことはほとんどありませんでした。あぶないなと感じた時に、保育者が「ケガするからこっちを通ってね」と伝えるだけで、危険なことはなくなりました。
　子どもの持つ力を信じることは大切ですね。

改善例4
飛行機柄のマットが大活躍!

→ 保育士の指示がわかりやすくなりました

　特に低年齢児に対して活躍しているのが、飛行機の柄のマット。「飛行機の上に座ってね」と言うだけで、上手に子どもが待つことができるのです。
　待っていると、保育者から「上手に待てたね」とほめられます。子どもにとっては嬉しいことばかり。
「できた」「やれた」という気持ちは、自己肯定感も育んでくれます。

改善例5

棚の目隠しに 白無地の布を 使うことにしました

→ 視覚的刺激は、あちこちにあります

　白だけでなく、クリーム色などの場合もありますが、棚の目隠しには柄物の布地を使わないことにしました。
　殺風景なのでは？
　いいえ、そんなことはありません。保育園には子どもの衣類や持ち物、おもちゃといったカラフルなものがあふれています。視覚的刺激がいっぱいあるので、しまう場所はできるだけシンプルに、見た目もすっきり。柄物だとごちゃごちゃとした印象になり、子どもたちの気持ちも落ち着きません。
　子どもの視野は大人の半分以下。子どもの視野を考えて、落ち着ける生活空間を工夫することが大切です。

改善例6

ごはんを食べるときに上履きを脱いでみました

→ こぼしたら足の裏がべとつくのがわかります

　ランチルームでは、子どもたちがみんな上履きを脱いでから食事をします。
　上履きを履いたままだと、食べこぼしを踏んでも気づきにくいもの。上履きを脱いで食事をすると、食べこぼしたものが自分たちの足にくっついて、心地がよくないということを学べるのです。
　食べこぼしが減っただけではありません。落ちたものを子どもたちが自分で紙に包んで捨てたり、あとを拭いたりと、片付けをするように。
　保育者が手を貸さなくとも、落ち着いて食事の時間を楽しめるようになりました。

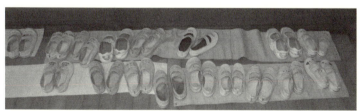

※緊急時に備えて上履きは常に準備してあります。
※いらない紙を用意しておき、食べこぼしを自分で片付けられる工夫もしています。

子どもの幸せのためのチェックリスト

2章の内容をチェックリストにしました。
時々振り返り、子どものための保育を実現しましょう。

1　子どもを呼び捨てにしていませんか？　☐

　お預かりしている大切な子どもたち、一人の意思ある人間です。子どもを尊重するためにも呼び捨てせずに「〇〇ちゃん」と呼びましょう。

2　だまって子どもを抱いていませんか？　☐

　子どもに「〇〇ちゃん、抱っこしようね」というように、言葉かけをしてから抱きましょう。

3　無言でお世話をしていませんか？　☐

　「ごはん食べようね」「着替えしようね」など、何をするのか言葉を添えながらお世話しましょう。

4　子どもの腕を引っ張っていませんか？　☐

　子どもの腕を引っ張ると、子どもが驚くだけでなくケガの原因となります。必要なことは言葉でも伝わるはず。

5　泣いている子に寄り添えていますか？　☐

　人は誰でも泣きます。決して「赤ちゃん」だから泣くのではありません。安心して泣くことができる環境を整えるのも保育です。

6　ひとり遊びしている子に声かけしていませんか？　☐

　ひとり遊びも、子どもの育ちには必要な遊びです。集中しているときは、よけいな声かけや干渉をせずにそっと見守り、その子の遊びを保障しましょう。

7　おもちゃをばらまいていませんか？　☐

　棚に並んでいるおもちゃの中から、子どもが手を伸ばして選べるような環境を整えましょう。片付けも子どもが自分でできるような工夫があると、自立への援助になります。

8　子どもの頭上で大きな声を出していませんか？　☐

　頭の上で何かされたら誰でも不快です。子どもの頭上での配膳も危険。足下に寄ってくる子どもも多いので大変かもしれませんが、頭上でのやりとりはできるだけ避けましょう。

9　子どもを脅していませんか？　☐

　子どもに「お散歩連れて行かないよ」「おやつあげないよ」「フルーツあげないよ」「おばけがくるよ」と言っていませんか。「～～させてあげない」「～～してあげない」と子どもを脅しても、子どもは怯えるだけ。してほしいことを具体的に伝えましょう。

10 「ダメ」ばかり言っていませんか？ ☐

「ダメ！」ではなく、何をしたらよいかを子どもに伝えましょう。例えば「走っちゃダメ！」は「歩いてね」というように。具体的に伝えること。

11 発言や行為を否定していませんか？ ☐

人は否定されるとやる気を失います。そして何もしなくなります。さらに自分で考えなくなります。自信もなくします。認められることで自分に自信を持てるのです。

12 プライバシーを守っていますか？ ☐

おむつ交換や着替え、おもらしのお世話など、人目につかないところで行いましょう。子どもにもプライバシーがあることを忘れないで。ケガの観察や体調管理の一環として、子どもの服をめくったり、ズボンをおろしたりするときは、子どもにひと声かけてから、が鉄則です。

付録

子どもの権利条約

（第1〜40条）

日本ユニセフ協会抄訳

第1条
子どもの定義
18歳になっていない人を子どもとします。

第2条
差別の禁止
すべての子どもは、みんな平等にこの条約にある権利をもっています。子どもは、国のちがいや、男か女か、どのようなことばを使うか、どんな宗教を信じているか、どんな意見をもっているか、心やからだに障がいがあるかないか、お金持ちであるかないか、親がどういう人であるか、などによって差別されません。

第3条
子どもにとってもっともよいことを
子どもに関係のあることを行うときには、子どもにもっともよいことは何かを第一に考えなければなりません。

第4条
国の義務
国は、この条約に書かれた権利を守るために、必要な法律を作ったり政策を実行したりしなければなりません。

第5条
親の指導を尊重
親（保護者）は、子どもの発達に応じて、適切な指導をします。国は、親の指導を尊重します。

第6条
生きる権利・育つ権利
すべての子どもは、生きる権利・育つ権利をもっています。

第7条
名前・国籍をもつ権利
子どもは、生まれたらすぐに登録（出生届など）されなければなりません。子どもは、名前や国籍をもち、親を知り、親に育ててもらう権利をもっています。

第8条
名前・国籍・家族関係を守る
国は、子どもの名前や国籍、家族の関係がむやみにうばわれることのないように守らなくてはなりません。

第 9 条
親と引き離されない権利
子どもには、親と引き離されない権利があります。子どもにもっともよいという理由から引き離されることも認められますが、その場合は、親と会ったり連絡したりすることができます。

第 10 条
別々の国にいる親と会える権利
国は、別々の国にいる親と子どもが会ったりいっしょにくらしたりするために、国を出入りできるよう配慮します。親がちがう国に住んでいても、子どもは親と連絡をとることができます。

第 11 条
よその国に連れさられない権利
国は、子どもが国の外へ連れさられたり、自分の国にもどれなくならないようにします。

第 12 条
意見を表す権利
子どもは、自分に関係のあることについて自由に自分の意見を表す権利をもっています。その意見は、子どもの発達に応じて、じゅうぶん考慮されなければなりません。

第13条
表現の自由
子どもは、自由な方法でいろいろな情報や考えを伝える権利、知る権利をもっています。

第14条
思想・良心・宗教の自由
子どもは、思想・良心・宗教の自由についての権利をもっています。

第15条
結社・集会の自由
子どもは、ほかの人びとと一緒に団体をつくったり、集会を行ったりする権利をもっています。

第16条
プライバシー・名誉は守られる
子どもは、自分や家族、住んでいるところ、電話や手紙などのプライバシーが守られます。また、他人から誇りを傷つけられない権利をもっています。

第 17 条
適切な情報の入手
子どもは、自分の成長に役立つ多くの情報を手に入れることができます。国は、マスメディア（本・新聞・テレビなど）が、子どものためになる情報を多く提供するようにすすめ、子どもによくない情報から子どもを守らなければなりません。

第 18 条
子どもの養育はまず親に責任
子どもを育てる責任は、まずその父母にあります。国はその手助けをします。

第 19 条
虐待などからの保護
親（保護者）が子どもを育てている間、どんなかたちであれ、子どもが暴力をふるわれたり、不当な扱いなどを受けたりすることがないように、国は子どもを守らなければなりません。

第 20 条
家庭を奪われた子どもの保護
家庭を奪われた子どもや、その家庭環境にとどまることが子どもにとってよくないと判断され、家庭にいることができなくなった子どもは、かわりの保護者や家庭を用意してもらうなど、国から守ってもらうことができます。

第21条
養子縁組
子どもを養子にする場合には、その子どもにとって、もっともよいことを考え、その子どもや新しい父母のことをしっかり調べたうえで、国や公の機関だけが養子縁組を認めることができます。

第22条
難民の子ども
自分の国の政府からのはく害をのがれ、難民となった子どもは、のがれた先の国で守られ、援助を受けることができます。

第23条
障がいのある子ども
心やからだに障がいがある子どもは、尊厳が守られ、自立し、社会に参加しながら生活できるよう、教育や訓練、保健サービスなどを受ける権利をもっています。

第24条
健康・医療への権利
子どもは、健康でいられ、必要な医療や保健サービスを受ける権利をもっています。

第 25 条
施設に入っている子ども
施設に入っている子どもは、その扱いがその子どもにとってよいものであるかどうかを定期的に調べてもらう権利をもっています。

第 26 条
社会保障を受ける権利
子どもは、生活していくのにじゅうぶんなお金がないときには、国からお金の支給などを受ける権利をもっています。

第 27 条
生活水準の確保
子どもは、心やからだのすこやかな成長に必要な生活を送る権利をもっています。親（保護者）はそのための第一の責任者ですが、親の力だけで子どものくらしが守れないときは、国も協力します。

第 28 条
教育を受ける権利
子どもは教育を受ける権利をもっています。国は、すべての子どもが小学校に行けるようにしなければなりません。さらに上の学校に進みたいときには、みんなにそのチャンスが与えられなければなりません。学校のきまりは、子どもの尊厳が守られるという考え方からはずれるものであってはなりません。

第 29 条
教育の目的
教育は、子どもが自分のもっている能力を最大限のばし、人権や平和、環境を守ることなどを学ぶためのものです。

第 30 条
少数民族・先住民の子ども
少数民族の子どもや、もとからその土地に住んでいる人びとの子どもは、その民族の文化や宗教、ことばをもつ権利をもっています。

第 31 条
休み、遊ぶ権利
子どもは、休んだり、遊んだり、文化芸術活動に参加する権利をもっています。

第 32 条
経済的搾取・有害な労働からの保護
子どもは、むりやり働かされたり、そのために教育を受けられなくなったり、心やからだによくない仕事をさせられたりしないように守られる権利をもっています。

第33条
麻薬・覚せい剤などからの保護
国は、子どもが麻薬や覚せい剤などを売ったり買ったり、使ったりすることにまきこまれないように守られなければなりません。

第34条
性的搾取からの保護
国は、子どもが児童ポルノや児童買春などに利用されたり、性的な虐待を受けたりすることのないように守らなければなりません。

第35条
誘拐・売買からの保護
国は、子どもが誘拐されたり、売り買いされたりすることのないように守らなければなりません。

第36条
あらゆる搾取からの保護
国は、どんなかたちでも、子どもの幸せをうばって利益を得るようなことから子どもを守らなければなりません。

第37条
拷問・死刑の禁止
どんな子どもに対しても、拷問や人間的でないなどの扱いをしてはなりません。また、子どもを死刑にしたり、死ぬまで刑務所に入れたりすることは許されません。もし、罪を犯してたいほされても、尊厳が守られ年れいにあった扱いを受ける権利をもっています。

第38条
戦争からの保護
国は、15歳にならない子どもを軍隊に参加させないようにします。また、戦争にまきこまれた子どもを守るために、できることはすべてしなければなりません。

第39条
被害にあった子どもを守る
虐待、人間的でない扱い、戦争などの被害にあった子どもは、心やからだの傷をなおし、社会にもどれるように支援を受けることができます。

第40条
子どもに関する司法
罪を犯したとされた子どもは、ほかの人の人権の大切さを学び、社会にもどったとき自分自身の役割をしっかり果たせるようになることを考えて、扱われる権利をもっています。

【引用・参考文献】

日本ユニセフ協会ホームページ　https://www.unicef.or.jp
「人権外交」外務省ホームページ　https://www.mofa.go.jp/mofaj/gaiko/jido/index.html
近藤康子『コルチャック先生』岩波書店、1995年
中野 光・小笠 毅編著『ハンドブック 子どもの権利条約』岩波書店、1996年
乙訓 稔『西洋現代幼児教育思想史―デューイからコルチャック―』東信堂、2009年
田中智志・橋本美保監修『新・教職課程シリーズ　教育の理念・歴史』一藝社、2013年
谷田貝公昭・石橋哲成監修『保育者養成シリーズ　教育原理』一藝社、2016年
E.H. エリクソン、小此木啓吾訳『自我同一性―アイデンティティとライフ・サイクル』誠信書房、1973年
J. ボウルビィ、黒田実郎ほか訳『母子関係の理論Ⅰ愛着行動』〔改訂版〕岩崎学術出版社、1991年
J. ボウルビィ、黒田実郎ほか訳『母子関係の理論Ⅱ分離不安』〔改訂版〕岩崎学術出版社、1991年
J. ボウルビィ、黒田実郎ほか訳『母子関係の理論Ⅲ対象喪失』〔第二版〕岩崎学術出版社、2014年
数井みゆき・遠藤利彦『アタッチメント―生涯にわたる絆』ミネルヴァ書房、2005年
M.S. マーラーほか、高橋雅士ほか 訳『乳幼児の心理的誕生―母子共生と個体化』黎明書房、2001年
庄司順一・奥山眞紀子・久保田まり編著『アタッチメント―子ども虐待・トラウマ・対象喪失・社会的養護をめぐって』明石書店、2008年
V. プライア・D. グレイサー、加藤和生監訳『愛着と愛着障害』北大路書房、2008年

【編著者紹介】

寳川雅子（ほうかわ・まさこ）

鎌倉女子大学短期大学部初等教育学科准教授

主な著書：『わかる！安心！自信がもてる！保育・教育実習完全サポートブック』（単著、中央法規出版、2016年）、『実践につなぐことばと保育〔改訂版〕』（共著、ひとなる書房、2016年）、『〈ポイント〉でつかめる！ 乳児保育－子ども・家庭・保育者が紡ぐ営み－』（共著、情報教育出版、2018年）ほか多数

【執筆協力】

1章「子どもの権利条約～現在までのみちのり～」

中島朋紀（なかしま・とものり）

鎌倉女子大学短期大学部初等教育学科准教授

1章「子どもの健やかな成長を保障するかかわりとは」

越智幸一（おち・こういち）

埼玉県立大学社会福祉子ども学科教授

協力／社会福祉法人ル・プリ 杜ちゃいるど園、社会福祉法人ふたば会 双葉保育園、横浜市南区公立保育所

装丁・イラスト／本田いく

子どもの最善の利益から考える
保育実践例
2018年12月20日　初版第1刷発行

編著者　寳川　雅子
発行者　菊池　公男

発行所　株式会社 一藝社
〒160-0014 東京都新宿区内藤町1-6
Tel. 03-5312-8890　Fax. 03-5312-8895
E-mail : info@ichigeisha.co.jp
HP : http://www.ichigeisha.co.jp
振替　東京 00180-5-350802
印刷・製本　シナノ書籍印刷株式会社

©Masako Houkawa
2018 Printed in Japan
ISBN 978-4-86359-184-4 C3037
乱丁・落丁本はお取り替えいたします

一藝社の本

保育者養成校
1年次必携！

保育者養成のための

初年次教育ワークブック

監修
谷田貝 公昭
大沢 裕

編著
大沢 裕
越智 幸一
中島 朋紀

workbook

保育者になろう！ 学びのスタートライン

A4判　定価（本体1,900円＋税）
ISBN 978-4-86359-170-7

ご注文は最寄りの書店または小社営業部まで。小社ホームページからもご注文いただけます。